¡Es Pascua!

por Richard Sebra

BUMBA BOOKS™
en español

EDICIONES LERNER ◆ MINEÁPOLIS

Muchas gracias a José Becerra-Cárdenas, maestro de segundo grado en Little Canada Elementary, por revisar este libro.

Nota a los educadores:

A través de este libro encontrarán preguntas para el pensamiento crítico. Estas preguntas pueden utilizarse para hacer que los lectores jóvenes piensen críticamente del tema con la ayuda del texto y las imágenes.

ediciones Lerner
Una división de Lerner Publishing Group, Inc.
241 First Avenue North
Mineápolis, MN 55401, EE. UU.

Si desea averiguar acerca de niveles de lectura y para obtener más información, favor consultar este título en www.lernerbooks.com

Library of Congress Cataloging-in-Publication Data

Names: Sebra, Richard, 1984– author. | Lopez, Giessi, translator.
Title: ¡Es Pascua! / por Richard Sebra.
Other titles: It's Easter! Spanish
Description: Minneapolis : Ediciones Lerner, 2018. | Series: Bumba books en español. ¡Es una fiesta! | Includes bibliographical references and index. | Audience: Ages 4–7. | Audience: K to Grade 3.
Identifiers: LCCN 2017053133 (print) | LCCN 2017061859 (ebook) | ISBN 9781541507890 (eb pdf) | ISBN 9781541503472 (lb : alk. paper) | ISBN 9781541526617 (pb : alk. paper)
Subjects: LCSH: Easter—Juvenile literature.
Classification: LCC GT4935 (ebook) | LCC GT4935 .S3618 2018 (print) | DDC 263/.93—dc23

LC record available at https://lccn.loc.gov/2017053133

Fabricado en los Estados Unidos de América
1-43842-33675-12/22/2017

Expand learning beyond the printed book. Download free, complementary educational resources for this book from our website, www.lernerresource.com.

Tabla de contenido

Domingo de Pascua

La Pascua es una fiesta.

Se celebra siempre

en domingo.

Puede ser en marzo o abril.

6

Gente alrededor de todo el mundo celebra la Pascua. Es una fiesta religiosa. Algunas personas van a la iglesia.

La gente pasa tiempo con la familia.

Las familias comen grandes comidas.

Mucha gente come jamón en Pascua.

¿Qué come tu familia durante las fiestas?

Los huevos son un símbolo
de la Pascua.

Las personas tiñen huevos
de Pascua.

Decoramos huevos con
colores brillantes.

La gente decora su casa.

Ponen huevos y lirios.

¿Por qué crees que las personas decoran durante las fiestas?

Algunas familias esconden

huevos de Pascua.

Los niños tienen búsquedas

de huevos de Pascua.

Se divierten buscando los huevos.

Los conejos también son símbolos de la Pascua.

Algunas personas dicen que el conejo de Pascua les trae regalos.

¿Puedes pensar en otros símbolos de la Pascua?

Las canastas de Pascua están

llenas de regalos.

Los conejos de chocolate son

dulces populares de la Pascua.

Las familias celebran la

Pascua en maneras diferentes.

¿Cómo celebra tu familia

la Pascua?

Símbolos de la Pascua

dulces de Pascua

huevos de Pascua

canasta de Pascua

lirios

cena de jamón

22

conejo

Glosario de imágenes

teñir

cambiar el
color de algo

lirios

plantas con flores en
forma de trompetas

religioso

que es o tiene que ver
con la religión o creencia
de un dios

símbolo

un objeto o imagen
que representa
algo más

Índice

Leer más

Bullard, Lisa. *Emma's Easter*. Minneapolis: Millbrook Press, 2012.

Pettiford, Rebecca. *Easter*. Minneapolis: Bullfrog Books, 2015.

Smith, Mary-Lou. *Celebrate Easter*. New York: Cavendish Square Publishing, 2016.

Agradecimientos de imágenes

Las imágenes en este libro son utilizadas con el permiso de: © Lucky Business/Shutterstock.com, páginas 4–5; © Zvonimir Atletic/Shutterstock.com, páginas 6–7, 23 (abajo a la izquierda); © Sarah Bossert/iStock.com, páginas 9, 22 (abajo a la izquierda); © Portra/iStock.com, páginas 10–11, 23 (abajo a la izquierda); © Jasmine_K/Shutterstock.com, páginas 13, 23 (arriba a la derecha); © Monkey Business Images Ltd/Dreamstime.com, página 14; © Kzenon/Shutterstock.com, páginas 17, 23 (abajo a la derecha); © Brent Hofacker/Shutterstock.com, página 18; © Susan Chiang/iStock.com, páginas 20–21; © Hurst Photo/Shutterstock.com, página 22 (arriba a la izquierda); © Stefan Petru Andronache/Shutterstock.com, página 22 (abajo a la derecha); © Nella/Shutterstock.com, página 22 (arriba a la derecha).

Portada: © Elena Schweitzer/Shutterstock.com.